MÉMOIRE

SUR LA

COLONISATION DE L'ALGÉRIE.

MÉMOIRE

SUR LA

COLONISATION

DE L'ALGÉRIE

ROUEN,

IMPRIMERIE DE H. RENAUX,

Rue de l'Hôpital, 25.

1856

A MESSIEURS

LES MEMBRES DES CONSEILS GÉNÉRAUX

DE LA SEINE-INFÉRIEURE, DE L'EURE, DU CALVADOS, DE LA MANCHE ET DE L'ORNE.

MESSIEURS,

En vous adressant un projet de colonisation algérienne par la province de Normandie, je sais que vous connaissez les profondes misères qui assiégent les diverses classes de la société à laquelle nous appartenons tous.

Sensible aux maux qui nous frappent, je me crois autorisé, comme membre de la grande famille française, à apporter ma part d'idées et de travaux à la consolidation et à l'agrandissement de l'édifice social.

En vous présentant ce projet de colonisation, j'ose demander que votre voix puissante se déclare en faveur de sa réalisation, si je suis assez heureux pour vous convaincre qu'elle est désirable et possible.

C'est aux Normands, dont les ancêtres prirent part à tant d'expéditions glorieuses, qu'appartient l'honneur de la régénération, en donnant l'exemple du travail aux autres parties de la société française.

J'ose donc espérer, Messieurs, que vous accorderez un examen approfondi à cette question, qui intéresse à un si haut degré l'avenir de l'Algérie, car il y aurait péril à ne pas présenter plus largement, à cette importante colonie française, les éléments de succès qu'elle est en droit d'attendre à cause des résultats si positifs qu'elle nous donne depuis quelques années.

Je suis, avec respect,

Messieurs,

Votre très-humble et très-obéissant serviteur,

B. GOUHIER DE PETITEVILLE,
Ancien officier de cavalerie, démissionnaire.

Au château de Petiteville, canton de Verneuil, département de l'Eure, le 1er juillet 1856.

INTRODUCTION.

Après la chute de l'empire romain, l'Afrique, comme tout le monde civilisé, succomba sous l'invasion des barbares; mais la religion chrétienne, que professaient et qu'embrassaient bientôt les vainqueurs, ne tarda pas à faire sortir l'Europe de cette seconde enfance. L'Afrique seule fut, un siècle et demi après, ensevelie sous le joug abrutissant du Coran, et elle y est restée pendant environ onze siècles.—En 1830, la France est venue, avec le flambeau de la civilisation, arracher à la barbarie ces contrées fertiles que le despotisme avait dépeuplées.

Vingt-six ans se sont écoulés depuis que les Bourbons ont laissé à la France cette magnifique conquête; mais les progrès de la colonisation ont été bien lents, tant il y a eu de préjugés et de mauvais vouloir à combattre ! Ce n'est que depuis dix ans que la France se doute de la valeur de cette belle contrée, et l'Exposition universelle vient d'ouvrir les yeux aux aveugles, qui jusqu'alors croyaient à l'infertilité du sol et à l'insalubrité de l'air de ce pays si calomnié et si méconnu.

Malgré les révolutions, les tiraillements intérieurs et la guerre étrangère, on doit constater de grands progrès. Ces progrès sont immenses parce qu'ils ont prouvé, à la nation d'abord, que l'Algérie peut se suffire à elle-même, puis qu'avec le peu de colons qu'elle possède, elle peut aussi venir en aide à la mère-patrie.

L'Algérie n'est cependant pas populaire : personne ne dit au peuple que dans nos années malheureuses elle est venue à son aide ; personne non plus ne lui dit que sa colonisation offre des ressources infinies et que ce pays en offrira de bien plus vastes encore quand il sera peuplé et que ses champs fertiles auront reçu leur culture ; personne ne vient lui dire enfin que là il peut conquérir une aisance réelle en échange de sa misère présente.

L'alimentation devenant de plus en plus difficile, et le travail diminuant chaque jour à cause des inventions nouvelles, la classe ouvrière souffre, malgré les secours considérables qu'on lui distribue. Il est vrai que la charité, pendant les années difficiles qu'on vient de passer, a été merveilleuse ; mais procéder longtemps ainsi, n'est-ce pas organiser la mendicité et amoindrir chez l'homme le sentiment de sa dignité ?

Tous les peuples nos voisins, dont la population augmente dans la même proportion que la nôtre, et qui éprouvent comme nous les mêmes difficultés, fournissent des milliers d'émigrants pour les États-Unis et l'Australie. Plus heureuse que ses voisins, la France possède, à quelques jours de sa capitale, un pays riche et sain, vers lequel il suffirait au gouvernement de donner une vive impulsion pour que le lit du torrent, une fois tracé, les populations courussent se précipiter de toutes parts en Algérie, où la fortune attend l'homme actif et industrieux.

Que l'État commence donc par assimiler l'Afrique à la France. Le régime militaire fait peur, et l'absolutisme de ses lois éloigne le colon. Toute atteinte à sa liberté l'effraie. Il faut au Français, qui quitte difficilement son pays natal, la certitude qu'il ne changera pas de lois.

Chacun, en parcourant l'histoire ancienne, peut se convaincre de la richesse et de la puissante fertilité de l'Afrique et de l'étendue de son commerce. Il est indubitable encore, pour les yeux les moins clairvoyants, que ces richesses immenses ne demandent que des bras pour reparaître avec des proportions colossales.

L'histoire de la colonisation montre les Espagnols, les Anglais et les Français affrontant des dangers inouïs pour aller peupler des pays lointains. L'Espagne et l'Angleterre surtout offrent, pour l'enseignement de notre époque, d'un côté la course aux métaux précieux, et de l'autre la vraie colonisation organisée par de grands seigneurs et des riches qui, tout en travaillant pour eux, faisaient aussi les affaires de leur pays.

Que l'oisiveté donc qui pèse en France sur tant de personnes fasse place à l'activité réfléchie qui produit au fond des cœurs le sentiment si cher de la patrie et cette habitude d'indépendance qui relève la dignité de l'homme !

Que ces nouveaux chercheurs d'or, qui veulent une prompte fortune, abandonnent cet agiotage où ils ne trouvent souvent que le déshonneur suivi d'une mort honteuse, et où, quoi qu'il arrive, ils ne rencontrent jamais la considération !

Si l'Algérie n'offre pas une fortune aussi rapide que celle du jeu de Bourse, au moins est-elle certaine. Les honneurs, la considération, j'ajouterai même le bonheur, attendent ceux qui entreprendront cette œuvre si utile à la régénération des mœurs et à la richesse de la France.

MÉMOIRE

SUR LA

COLONISATION DE L'ALGÉRIE.

CHAPITRE Ier.

De l'Afrique, avant et sous la domination romaine.

Avant que le monde eût entendu parler des Romains, les Carthaginois étaient les maîtres du commerce de l'Univers, et tout concourut, dès le commencement, à en faire un des peuples les plus civilisés et les plus riches. La beauté du climat et la fertilité du sol firent bientôt de Carthage la cité la plus florissante et la plus renommée du Globe. Sa domination ne demeura pas longtemps enfermée dans l'Afrique. Cette ville ambitieuse porta ses conquêtes sur la Sardaigne, la Sicile et l'Espagne. Pendant six cents ans elle demeura maîtresse des mers et se fit un

État qui pouvait le disputer aux plus grands empires, par son commerce, ses nombreuses armées et ses flottes redoutables.

Le commerce était, à proprement parler, l'occupation des Carthaginois, l'objet particulier de leur industrie, leur goût décidé et dominant. C'était la principale force et le plus grand soutien de la République.

Situés au centre de la Méditerranée, et présentant une main à l'Orient et l'autre à toutes les régions connues, ils embrassèrent le monde entier par l'étendue de leur commerce.

Les Carthaginois, en se rendant les négociants de tous les peuples, étaient devenus les princes de la mer. Les nobles et les premiers citoyens du pays ne dédaignèrent pas le commerce, ils s'y appliquaient avec le même soin que les moindres particuliers.

Cette République était industrielle par inclination, elle fut guerrière par nécessité ; d'abord pour étendre son commerce, puis pour se défendre. Elle mettait sur pied une armée considérable, composée de tout ce qu'il y avait de troupes d'élite chez les différents peuples, ses tributaires. Ainsi, sans dépeupler ses campagnes occupées à l'agriculture, sans interrompre son commerce ni arrêter ses manufactures, elle se servait de ses tributaires comme d'instruments utiles à sa grandeur et à sa gloire.

Les Carthaginois ne firent pas seulement des voyages pour étendre leur commerce, ils en firent aussi dont le seul but était de découvrir de nouvelles contrées. Telles furent, pendant la prospérité de la République, les navigations fameuses d'Hannon et d'Himilcon. Hannon se dirigea vers le sud de l'Afrique, et, d'après Pline, il semble qu'il se soit avancé beaucoup plus près de la ligne équinoxiale qu'aucun navigateur précédent. — Himilcon semble s'être avancé vers le nord afin de reconnaître les côtes de l'Europe.

Ce fut l'an 606 de Rome, et cent quarante-six ans avant Jésus-Christ, que Carthage succomba devant l'ambition et l'orgueil des Romains. Cette République si riche, ces citoyens qui portaient leur commerce et leurs colonies sur toutes les parties du monde, cette capitale si florissante pendant sept cents ans, comparable aux plus grands empires par l'étendue de sa domination sur terre et sur mer, par ses armées nombreuses, par ses flottes, par ses richesses, supérieure même à presque toutes les autres nations par son courage et la grandeur d'âme de ses citoyens, tomba, non par suite de sa rivalité commerciale, mais à cause de l'esprit d'envahissement du peuple romain, et de cette soif de domination universelle qu'il éprouva tant que le monde ne fût pas à ses pieds.

Lorsque la valeur et la discipline des Romains eurent subjugué toutes les puissances maritimes de l'ancien monde, et que Carthage, la Grèce et l'Égypte furent soumises à leurs lois, ils ne prirent point l'esprit commerçant des nations qu'ils avaient conquises ; ils laissèrent les arts mécaniques, le négoce et la navigation aux habitants de ces provinces, et jamais il n'y eut entre les nations des rapports mieux établis. Le commerce n'était ni arrêté dans ses opérations par la jalousie d'États rivaux, ni limité par des restrictions partielles.

Sous l'empire, la province d'Afrique devint une des plus riches et surtout des plus importantes par sa fertilité. Elle fut chargée, avec l'Égypte, de nourrir ce peuple vainqueur, qui, dès la chute de Carthage, avait vu se répandre dans ses mœurs, avec les richesses des Africains, un luxe jusqu'alors inconnu ; ce luxe commença par transformer la Rome de boue et de brique en la ville d'or et de marbre, et l'Italie, couverte de prosaïques moissons, en un pays féerique planté de parcs, de villas, de jardins délicieux, puis il finit par amener la décadence complète des Romains.

Sous l'empereur Commode, une flotte nombreuse fut créée pour le transport régulier des blés de la province d'Afrique, l'importation faite par des entreprises particulières ayant plusieurs fois amené des disettes en Italie.

Carthage était donc sortie de ses cendres plus belle et plus florissante que jamais. La Numidie et la Proconsulaire formaient un vaste pays, couvert de fermes, de maisons de plaisance ; des vallées délicieuses étaient remplies de troupeaux de toutes espèces, et les riches Romains venaient jouir de l'admirable climat de ces contrées, où ils possédaient des terres et des plantations.

En même temps que l'Afrique grandissait par son commerce, la religion chrétienne y était aussi dans une très-grande prospérité. Les églises s'y élevaient et le culte divin se célébrait en tous lieux. Enfin, le christianisme s'y était accru malgré toutes les puissances humaines, et lorsque Constantin monta sur le trône, il trouva l'Église établie sur des bases solides. Protégée alors par ce souverain pieux et libéral, la religion chrétienne n'avait plus de blessures à craindre que de la part de ses enfants.

C'est généralement de la plus grande civilisation des peuples que surgissent plus tôt le bien et le mal ; aussi, ce fut de l'Église d'Afrique que sortit le premier schisme qui affligea le monde chrétien.

Vers l'an 305, Donat, évêque des cases noires *(cellæ nigræ)* en Numidie, excita ce schisme en refusant d'admettre à la communion ceux qui avaient livré les livres sacrés pendant la persécution de Dioclétien. En 313, les évêques de Numidie se rassemblèrent en concile au nombre de soixante-dix, et déposèrent Cécilien, évêque orthodoxe de Carthage.

En 330, un autre concile fut encore convoqué, et deux cent soixante-dix évêques schismatiques, à l'instigation de leur chef, se révoltèrent contre le pape et contre l'empereur. Une guerre civile s'ensuivit et désola l'Afrique sous les règnes de Constantin et de ses successeurs, jusqu'à l'invasion des Vandales.

Ce fut en 430 que Genseric, roi des Vandales, débarqua à la tête de son peuple. Jamais invasion ne fit couler tant de sang et ne couvrit la terre de tant de ruines. La cruauté naturelle aux Vandales était encore animée par le dépit qu'ils avaient de se croire méprisés. Leur fureur aveugle détruisit d'abord ce qu'ils prétendaient ensuite posséder. Ils commencèrent l'établissement de leur empire par faire un vaste désert. La plus brillante contrée de l'Univers et la plus fertile, peuplée de villes florissantes, enrichie d'une ancienne opulence, fut désolée. Tirthe, Hippone et Carthage opposèrent seules quelque résistance à Genseric.

Le bruit de la ruine de Carthage retentit jusqu'aux extrémités de la terre, et ses débris couvrirent une partie de l'Occident. Cette cité fameuse, dont la conquête avait coûté tant de sang aux Romains, et qu'ils possédaient depuis cinq cent quatre-vingt-cinq ans, passa au pouvoir des Vandales en 439.

Genseric fit démanteler toutes les villes de cette contrée, et bientôt elles tombèrent en ruines. Après s'être rendu maître de tout ce riche pays, il équipa des flottes qui ruinèrent les provinces voisines. Rome même tomba au pouvoir de ces barbares, et l'ancienne capitale de l'Univers fut pillée et dévastée.

Bélisaire, cent quatre ans après l'envahissement de l'Afrique par les Vandales, remit l'empire romain en possession de la province d'Afrique. Comme les villes tombaient toutes en ruines, l'empereur Justinien travailla à les réparer. On comptait cent cinquante places bâties ou réparées par cet empereur. La religion chrétienne fut rétablie, des Maures et autres barbares embrassèrent cette religion, et la province, par la modération de Salomon, son gouverneur, devint la contrée la plus heureuse de l'empire. De ses débris sortit un pays riche, dont la fertilité naturelle fit bientôt oublier le sang répandu ; mais ces jours de prospérité n'étaient qu'un signe précurseur de la mort.

Déjà la Cyrénaïque était au pouvoir des Sarrasins, qui avaient porté leurs armes jusque sur les frontières de la Tripolitaine. Les Arabes avaient fait depuis peu, et avec succès, plusieurs incursions sur les terres des Romains, et les troubles de l'Afrique leur offraient une occasion favorable. Le gouverneur Grégoire ne reconnaissait plus les ordres de l'empereur, et se rendait odieux à ses peuples par sa tyrannie. En 648, Abdallah, général du calife Othman, défit et tua Grégoire ; ceux qui purent échapper au massacre se réfugièrent à Sbaïtla ; c'était l'ancienne Sufetula, en Byzacène, ville opulente décorée de somptueux édifices, et devenue très-considérable, depuis surtout que Cartage avait perdu de son ancienne splendeur. Elle fut prise d'assaut et pillée. Le butin qu'on y fit est porté, par les auteurs arabes, à la somme incroyable de près de six cents millions. Cinquante années se passèrent en luttes continuelles avec les Arabes, tantôt vainqueurs, tantôt vaincus. Cependant, cette contrée, encore si riche malgré la guerre et ses désordres intérieurs, devait bientôt succomber.

Les gouverneurs commandaient en souverains ; la plupart des villes, sans garnison et sans défense, ne s'apercevaient plus qu'elles étaient sous la domination romaine que par les impôts excessifs qu'on exigeait avec rigueur. La tyrannie ayant éteint tout patriotisme, les citoyens n'étaient plus que de vils esclaves pour lesquels le changement d'oppresseurs était indifférent ; dès lors la conquête devenait facile.

Carthage, bien que déchue, conservait encore le rang de capitale de l'Afrique ; sa renommée imposait aux Sarrasins, et aucun de leurs généraux n'avait osé l'attaquer. Abdolméric envoya des troupes pour achever cette conquête ; une armée très-considérable vint camper devant Carthage, qui fut emportée d'assaut, presque sans coup férir, les habitants abandonnant lâchement leurs foyers.

La prise de Carthage répandit la terreur ; ce qui restait de Romains abandonna les campagnes et les villes pour se retirer dans deux places fortes, Safatcoura et Hippo-Zaritas, qui furent bientôt enlevées par les vainqueurs. Dans la province de Numidie, Hippo-Regius (Bône), ville fameuse par l'épiscopat de saint Augustin, fut la dernière place qu'occupèrent les Romains.

Une fois les barbares maîtres de l'Afrique, tout fut dé-

vasté ; Carthage fut rasée. Cette ville superbe, fille de Tyr, reine de l'Afrique, rivale de Rome, aussi fameuse dans l'histoire de l'Église que dans les annales des nations, fut anéantie en 698 par le bras d'un peuple nouveau.

De cette époque date la désolation de ces magnifiques contrées, qui restèrent sous le joug des Sarrasins. Vers l'an 1517, le frère du fameux pirate Barberousse en fit hommage au sultan Selim Ier; ce prince en forma un pachalick qui devint ensuite indépendant.

Ces plaines fertiles, ces villes si belles furent bientôt incultes et ruinées ; ces ports, si vastes, si commodes, devinrent inabordables et servirent de repaires à des pirates et à des peuplades inhospitalières. En 1830, la France vint, en civilisatrice plutôt qu'en conquérante, ouvrir encore une fois ces pays au monde civilisé.

CHAPITRE II.

De la colonisation de l'ancien monde et du nouveau.—Les Espagnols, les Anglais et les Français en Amérique.

L'ancien monde a eu ses colonies, les unes formées par l'excédant de la population dont l'État se débarrassait quand les habitants étaient trop nombreux pour le territoire qu'ils occupaient.

C'étaient des essaims de barbares sortis du Nord, et qui s'établissaient dans les différentes parties de l'Europe. Ces colonies devenaient bientôt indépendantes, toute communication cessant avec la métropole.

Les autres étaient toutes militaires. Des légions fondaient des villes, cultivaient des terres, et bientôt devenaient, dans les pays conquis, partie intégrante du sol. La famille, la propriété les attachait à la contrée. Dans ces dernières, toute communication ne cessant pas avec la mère-patrie, la dépendance continuait.

Au moyen-âge, Venise, Gênes et Pise avaient le sceptre des mers, et des colonies furent aussi fondées par ces républiques célèbres.

En 1415, le prince Henri de Portugal donna le signal des découvertes maritimes qui ouvrirent au Portugal la route des Indes, et lui assurèrent de riches possessions tant en Afrique qu'en Asie.

Mais toutes ces conquêtes, ces découvertes et ces riches colonies fondées par les Portugais éveillèrent l'attention et firent surgir un homme de génie, ambitieux aussi de se faire connaître, et surtout de participer aux conquêtes humaines sur le globe.

Christophe Colomb découvrit l'Amérique en 1492, et dota l'Espagne, sa patrie adoptive, de richesses immenses.

A cette époque, la navigation avait fait bien peu de progrès. Colomb traversait les mers avec des bâtiments bien faibles, et dont la construction était très-défectueuse. La géographie et l'astronomie étaient encore entièrement dans l'enfance, en sorte que s'aventurer sur des mers aussi vastes et pour un temps aussi long était, pour les hommes que tentaient les richesses du nouveau monde, un grand acte d'audace.

C'est en assurant à ses officiers et à ses matelots que le pays qu'ils allaient découvrir serait une source de richesses inépuisables, que Colomb parvint au but qu'il cherchait ; aussi ces hommes grossiers et avides commirent-ils toutes les horreurs afin de se procurer ce métal précieux pour lequel ils avaient abandonné leur pays.

L'ancien continent n'était plus assez riche, celui de

Colomb contenait de l'or en abondance ; les vaisseaux revenant de l'Espagnola en étaient chargés, et le récit brillant que firent les premiers aventuriers enleva une quantité considérable d'hommes qui voulurent avoir part à la moisson nouvelle.

Les îles, comme leurs premières découvertes, furent les premières colonies des Espagnols ; leur importance diminua cependant dans leur esprit quand les mines furent épuisées. La plupart des planteurs les abandonnèrent en les laissant à la merci de propriétaires plus industrieux. Tous se jetèrent dans le Mexique et le Pérou, où l'énorme quantité d'or et d'argent qui s'y trouvait devint leur récompense. Ils abandonnaient des pays d'une fertilité admirable pour aller dans des régions malsaines à la recherche des métaux précieux. Les dons de la nature étaient si peu estimés en comparaison de l'or, qu'ils donnaient à un pays le nom de riche, non à cause de la fertilité du sol, mais bien à cause de ses mines.

On peut attribuer le peu de progrès que firent les colonies du Mexique et du Pérou, pendant près de trois siècles, soit dans les manufactures utiles, soit dans la culture, au goût des colons, à leur ardeur fatale pour la découverte des mines, et aussi aux souverains qui, enivrés eux-mêmes comme leurs peuples des richesses dont ils étaient comblés, ne firent qu'encourager cette soif au lieu de la réprimer.

Ce fut donc par l'appât de l'or que l'Espagne entreprit ses premières colonies. Séduits par l'espoir de s'enrichir promptement, ils dédaignaient de prodiguer leur industrie à des travaux agricoles. La lenteur avec laquelle on obtenait la récompense de ses peines, le manque de bras, la difficulté d'établir la culture dans un pays couvert de forêts, éloignaient les colons et les décourageaient.

Suivant Benzoni, soixante ans après la découverte de l'Amérique, le nombre des Espagnols arrivait à peine à quinze mille.

Cependant, malgré la prodigieuse soif de l'or qui transportait des populations de l'Europe en Amérique, et aussi d'une des parties de l'Amérique dans une autre, quelques hommes sages et prévoyants prirent au sérieux la vie de colon, car partout où l'Espagne a passé, des planteurs se sont établis et ont fini par enrichir leur patrie d'une manière surprenante.

Sous les règnes de Ferdinand et d'Isabelle et sous celui de Charles-Quint, l'Espagne était une des plus industrieuses contrées de l'Europe.

Philippe II monta sur le trône avec des talents bien inférieurs à ceux de son père. Le génie de Charles-Quint avait conduit les affaires avec une telle prudence, que les richesses du nouveau monde eurent très-peu d'influence sur la métropole; mais Philippe ne crut aucune entreprise au-dessus de ses forces, et sous la faible administration de ses successeurs, la nation tomba dans le dernier degré d'abaissement.

Si Philippe, comme son père, se fût servi avec modération des richesses immenses de l'Amérique, et qu'au lieu de mettre l'Europe en combustion, après avoir épuisé l'Espagne d'hommes et d'argent, il se fût appliqué à soutenir dans sa patrie l'industrie, à étudier les besoins de ses sujets, à s'occuper de la colonisation, en la circonscrivant dans de justes limites, en accordant surtout au nouveau monde la liberté de commerce, ce que du reste l'industrie très-avancée de l'Espagne lui permettait sans compromettre les intérêts de la métropole, il eût fondé une puissance que l'incapacité même de ses successeurs n'eût pu détruire.

Le compte rendu par Christophe Colomb des pays qu'il venait de découvrir, produisit en Angleterre un vif désir de partager sa gloire; aussi les Anglais ont-ils été la deuxième nation de l'Europe qui se soit hasardée à visiter le nouveau monde.

La première expédition des Anglais date de 1578 et fut conduite par sir Humphry Gilbert, homme de naissance et de talent; mais cette expédition, comme les suivantes, ne réussit pas. D'un côté, un simple particulier ne pouvait rassembler que bien peu de ressources, et de l'autre, le désir impatient que nourrissaient des aventuriers sans fortune, de s'enrichir en peu de temps, avait aussi égaré les Anglais, qui, pour la plupart, ne regardaient comme dignes de leur attention et de leurs recherches que les mines d'or et d'argent.

L'homme auquel l'Angleterre doit ses possessions en Amérique, plus qu'à aucun autre, est certes Richard Hackluyt, chanoine de Westminster.

Pour exciter à des entreprises, il publia, en 1589, une collection précieuse de voyages et découvertes des Anglais, et traduisit les meilleures relations de voyages des Espagnols et des Portugais aux Indes-Orientales.

Il se forma alors, pour l'établissement des colonies en Amérique, une association par le zèle et les efforts d'un homme également respecté et des grands qui favorisaient ses entreprises et de ceux qui les exécutaient.

Comme l'étendue de l'Amérique commençait déjà à être

connue, Jacques Ier fit deux parts, l'une appelée première colonie de Virginie, ou du Sud ; l'autre la nouvelle Angleterre, ou colonie du Nord. Il autorisa sir Thomas Gates, sir Georges Summers, Richard Hackluyt et leurs associés, la pluplart résidant à Londres, à former des établissements dans la première colonie ; l'autre district fut concédé à des gentilshommes et marchands de Bristol et Plymouth.

C'est à l'imitation de ces deux colonies, et pour ainsi dire sous leur abri, que les autres se sont élevées au milieu de tribus sauvages et barbares, dans un pays couvert de forêts et de marécages inabordables.

Si l'établissement des Espagnols en Amérique mérite une page dans l'histoire coloniale, par leur courage à braver des mers inconnues et des pays malsains, ces rudes pionniers anglais méritent, à coup sûr, des éloges plus grands ; leur persévérance sera admirée dans tous les siècles, et ce sera vers eux que les peuples iront chercher des enseignements.

On doit remarquer que ce n'est pas hardiment et sans crainte que la première entreprise se fit en Virginie. Les premiers efforts ne paraissent pas avoir été considérables. Un vaisseau de cent tonneaux et deux barques, sous le commandement du capitaine Newport, furent expédiés avec cent cinq hommes destinés à rester dans le pays. Parmi eux se trouvaient un frère du duc de Northumberland et plusieurs gentilshommes qui avaient servi avec distinction sous Élisabeth.

En 1607, Newport aborde en Amérique, puis y fonde la ville de James-Town, la première que les Anglais aient bâtie sur le continent américain. Pendant quatre ans, la vie faillit plusieurs fois abandonner cette première fille de l'Angleterre ; mais lord Delaware, qui fut nommé en 1611 capitaine général de la Virginie, ressuscita par sa prudence et son énergie la ville de James-Town. Ce grand seigneur avait tout quitté, famille, honneurs, richesses, pour aller remettre l'ordre parmi cent cinquante aventuriers que la misère décimait. Son patriotisme le soutint au milieu des privations, et, bien que malade, il n'abandonna ses colons que lorsqu'il eut donné une vive impulsion au travail et amené la richesse là où était le malheur.

Comme les chrétiens de la primitive Église, les premiers colons anglais firent une association pour le travail ; les terrains furent déboisés par leurs efforts réunis. Des magasins communs se remplirent de récoltes dont on distribuait à chaque famille ce qu'il fallait pour subsister, et les colons n'avaient en propriété individuelle aucune portion de terrain. Aucun terme n'avait été fixé pour mettre fin à cette association, en sorte que le colon que ne stimulait pas l'idée prochaine de la propriété, commençait à s'ennuyer de cet état de choses. Enfin sir Thomas Dale, successeur de lord Delaware, arriva et partagea à chacun, en pleine et entière propriété, une immense étendue de terres. De ce moment, l'industrie ayant la perspective d'une récompense assurée, prit une grande activité et fit de rapides progrès.

Huit ans après l'arrivée de lord Delaware, une assemblée générale fut tenue en Virginie. Les établissements étaient déjà multipliés, et le nombre des habitants si fort accru, que onze communes ou corporations se firent représenter à cette convention. — La France aussi eut ses colons et ses colonies ; à côté des Anglais, la province de

Normandie fournit de braves planteurs qui bâtirent leurs cabanes en Amérique.

Le Canada fut colonisé, en 1608, par Samuel Champlain, qui jeta les fondements de Québec, et, en 1617, il se forma une compagnie française pour l'exploitation de la colonie ; mais, en 1763, ce pays, arrosé du sang et des sueurs de nos compatriotes, nous fut enlevé par les Anglais. Montréal, Trois-Rivières et Québec parlent encore notre langue ; leurs mœurs, leur religion, leur littérature, leurs monuments, tout est français, et si le Canadien regrette la mère-patrie, la France pleure encore ses enfants, sur la tête desquels pèse le joug si lourd de l'Angleterre. — La Louisiane fut un pays fertile, colonisé aussi par la France, et que la France doit regretter autant que le Canada, non à cause de la population considérable qu'elle a perdue, mais à cause de la richesse du sol, que d'immenses rivières arrosent en tous sens. — L'Angleterre et les États-Unis profitent aujourd'hui des sacrifices considérables de nos pères. Des populations entières affrontent tous les dangers pour coloniser ces contrées, la plupart couvertes de forêts. L'Angleterre, la Belgique, la Suisse, l'Allemagne, etc., ont produit, en 1855, près de 400,000 émigrants. — En 1854, il était parti de l'Angleterre seulement, pour le Canada, d'après le rapport des commissaires anglais, 53,000 émigrants.

CHAPITRE III.

L'Afrique est un pays fertile. — Nécessité pour la France d'une prompte colonisation.

Indépendamment de tous les produits qu'offre l'Europe, l'Algérie peut rivaliser aussi, pour ses ressources, avec l'Inde et l'Amérique.

A l'Exposition universelle, la France entière a pu facilement se convaincre qu'aux céréales de toutes espèces et de la plus belle qualité, l'Algérie pouvait ajouter de magnifiques soies, des cotons de qualité supérieure, des tabacs, des huiles de ricin, de la cochenille, etc., et chacun a pu aussi s'assurer que ce pays admirable est riche en bois de toutes essences, depuis le bois de construction jusqu'aux plus beaux bois d'ébénisterie. Le temps est donc passé où l'on entendait dire de tous côtés que notre

province d'Afrique n'offrait que sables, plaines et marécages, qu'il n'existait pas même un arbre pour préserver
le voyageur des rayons brûlants du soleil.

Outre tous ces produits agricoles, l'Algérie possède de
riches mines de fer, de cuivre, de houilles, même des
minerais d'or et d'argent, et quand une population assez
considérable couvrira cette terre pleine d'avenir, les produits les plus riches et les plus variés surgiront de ce pays,
que le dédain et la calomnie ont poursuivi, depuis vingt-
cinq ans, avec un acharnement inexplicable.

Ce ne fut qu'en 1848 que le Gouvernement songea
sérieusement à la colonisation de l'Algérie. Jusqu'alors on
y avait apporté une lésinerie déplorable. Cinquante millions furent votés par l'assemblée constituante, et on im-
provisa des agriculteurs avec des Parisiens. L'argent fut
gaspillé ; néanmoins cet effort du Gouvernement ne fut
pas infructueux, il fit du bien à la colonisation ; de nouvelles familles allèrent remplacer ces colons pris sur le
pavé de Paris, et les villages abandonnés par leurs premiers
propriétaires se trouvèrent bientôt peuplés de véritables
cultivateurs.

D'après les annales de la colonisation, en 1848, l'Algérie ne pouvait se suffire à elle-même. La province de
Constantine seule produisait assez pour sa consommation.

Deux ans après, en 1850, l'Algérie a produit pour l'ex-
portation plus de 2,000 hectolitres de blé. En 1852, cette
importation était de 362,595 hectolitres. En 1854, elle a
été de 1,700,000 hectolitres. Enfin, pour l'année 1855,
elle a dépassé 4 millions, résultat admirable et qui doit
nécessairement confondre les calomniateurs de notre province africaine.

En 1851, la culture du coton était regardée comme une chose d'une possibilité très-problématique, mais déjà avant la fin de l'année 1855, il en avait été expédié en France plus de 50,000 kilogrammes.

D'après le tableau général, le commerce de l'Algérie, en exportations et en importations, s'est élevé à plus de 160 millions.

Avec des résultats aussi beaux et aussi positifs, que faut-il encore pour convaincre les incrédules ? Les essais tentés sérieusement jusqu'alors ont-ils été infructueux ? Que manque-t-il pour transformer ce pays, encore inculte, en une province aussi fertile et aussi riche que la province romaine ? Un cataclysme effroyable aurait-il rendu ce pays, si riche autrefois, d'une stérilité qui devrait en éloigner aujourd'hui tout colon ? Non, ces vallées fertiles existent toujours, ces ruisseaux qui serpentaient autrefois à travers les prairies sont les mêmes, ces côteaux chargés de moissons dorés et de vignes aux grappes pourpres sont encore exposés aux rayons du même soleil, et le sillon tracé par la charrue de l'agriculteur romain est encore là, caché seulement sous d'épaisses broussailles, qui ont envahi et étouffé des champs jadis couverts de richesses. A ce pays, il ne manque donc que la vie, et cette vie, c'est l'homme, c'est le colon.

La province d'Algérie, qui fut, pendant sept cents ans, le siége d'un vaste empire dont les flottes nombreuses sillonnaient les mers, qui avait à elle seule le monopole du commerce de l'Univers, qui sous la domination romaine, fut la province la plus riche et la plus importante de toutes, qui vit prospérer la religion catholique, et qui par conséquent posséda dans son sein le germe de la civilisation, est aujourd'hui inculte parce qu'elle manque de bras !...

Après onze siècles de barbarie, pendant lesquels ce beau pays fut plongé dans un sommeil léthargique, la France est venue briser les fers qui étreignaient si étroitement cet antique théâtre de la civilisation et de l'industrie ; l'Afrique est devenue sa fille adoptive ; elle demande à la mère-patrie des bras pour cultiver ses vallées, ses champs jadis si fertiles, et elle lui promet en retour d'immenses richesses qui la récompenseront largement de ses sacrifices ; car il est peut-être donné à l'Algérie de devenir un jour le grenier d'abondance de la France.

L'histoire est là, d'ailleurs, pour nous montrer, d'un côté l'Espagne, qui, attirée par l'or au Mexique et au Pérou, acquit malgré ses fautes une puissance considérable qu'elle eût conservée sans l'orgueil et l'incurie administrative de Philippe II, et d'un autre côté le peuple anglais, qui fit la conquête de l'Amérique du nord, ayant à sa tête de grands seigneurs et de riches commerçants qui ne rougissaient pas de se mêler au peuple en s'associant à ses travaux.

Qu'on le sache bien, l'Europe entière a les yeux fixés sur la France et sur sa riche conquête ; l'inaction de ce peuple, d'une activité si merveilleuse et d'une intelligence si rare, l'étonne à bon droit, quand le travail, surtout dans les circonstances présentes, serait si utile à sa grandeur et à sa régénération.

Devant Dieu seul les hommes sont égaux, et, malgré les rêveurs, la société se composera toujours de trois classes bien distinctes : les riches, la classe moyenne et la classe ouvrière.

La noblesse et la haute bourgeoisie, qui encore jusqu'à

ce jour ont vécu sur les anciennes fortunes, qui étaient un solide soutien de l'État, comme les maîtres d'alors en étaient le rempart traditionnel, laissent leurs fils dans l'oisiveté, sans réfléchir que le partage égal et le luxe tendent chaque jour à anéantir la propriété.

La jeunesse de France s'étiole dans le luxe, au sein des fêtes et des plaisirs, et ces hommes, qui pourraient se rendre utiles au pays et à eux-mêmes, en travaillant à la grande œuvre de la civilisation, préfèrent le jeu, les courses de chevaux, les spectacles, les femmes galantes qui les ruinent et les déshonorent.

La classe moyenne et le peuple, d'après nos institutions politiques, sont appelés aux premières dignités de l'État et à la fortune ; chacun a le droit d'arriver ; mais là est précisément l'échec ; c'est là la cause du bouleversement social. Les révolutions successives ont donné tant d'exemples de médiocrités arrivées au premier rang, que le reste de la nation en perd la tête. Si chacun restait dans sa sphère et que le fils voulût exercer l'état que son père a fait honnêtement, la société ne serait pas aussi souvent près du précipice.

Que ces classes y réfléchissent donc, le monde a plus besoin d'artisans et de cultivateurs que d'hommes d'État.

Devant ces puissantes machines que chaque jour le génie humain perfectionne, la France doit être émue en pensant que ces machines si admirables tendent à diminuer l'emploi des bras, ainsi que le salaire des populations ouvrières.

Depuis soixante-sept ans, l'augmentation progressive de la population est effrayante ; malgré les guerres sanglantes et les épidémies qui ont affligé la France, le sol ne peut plus faire face à l'alimentation de ses habitants, et ce n'est qu'à l'aide des céréales étrangères qu'on parvient à peine à se suffire. De la restauration à la dernière république, le pays a recouru vingt-deux fois à l'importation des blés.

Donc, une crise alimentaire n'est pas un accident passager, et il n'est pas déraisonnable d'y songer sérieusement.

Depuis cinquante ans, les travaux d'utilité publique ont dépassé en étendue et en importance l'œuvre des siècles précédents; le mouvement industriel qui les a fait naître cherche des communications plus nouvelles et faciles pour rapprocher tous les peuples.

La Méditerranée baigne trois parties du monde, mais il n'y a d'issue d'aucun côté. Le détroit de Gibraltar permet seul l'entrée et la sortie de cette mer intérieure.

Le projet d'ouvrir un canal maritime au moyen duquel puisse s'opérer les échanges et les transports entre les Etats de l'Europe, de l'Inde, de la Chine, de l'Australie, émeut à juste titre, depuis quelques années, les États industrieux et commerçants de la vieille Europe.

Le percement de l'isthme de Suez fera, en France comme partout ailleurs, une révolution immense. Chaque contrée peut d'avance en supputer les avantages. Le commerce méditerranéen, enfermé dans une impasse, pourra prendre un libre essor, et les pays qui semblaient déshérités redeviendront le centre du commerce.

A cause de sa position géographique, l'Afrique française est appelée à jouer un rôle des plus importants dans cette révolution. Ses ports, autrefois si beaux et si sûrs, deviendront des points de relâche pour les navires qui feront le commerce des Indes, et le littoral de l'Algérie se couvrira bientôt de nouvelles Carthages qui disputeront au monde entier l'empire commercial.

Travailler à la colonisation de l'Algérie, c'est donc augmenter la puissance et la richesse de la France, et assurer son alimentation, en présence du chiffre toujours croissant de sa population.

CHAPITRE IV.

Colonisation normande par association et communauté de travail.

Le peuple anglais, ayant à sa tête l'élite de la nation, marcha à la conquête du nouveau monde armé de la charrue et de la hache. Pas un coup de pioche ne fut donné pour acquérir des métaux précieux ; partout l'agriculture, partout le commerce. L'association des bras et des capitaux fût le premier point de départ, et cent cinquante hommes furent l'embryon de ce géant appelé l'Union, qui à lui seul menace d'engloutir les deux Amériques.

Quand des exemples aussi frappants existent, quand la France peut se servir avec fruit des plans exécutés avec autant de succès, en les appropriant, bien entendu, au temps et aux circonstances, est-il besoin de gaspiller l'argent du pays pour suivre des idées nouvelles, très-belles en théorie, et souvent ruineuses à l'exécution?

Il n'y a au monde que les sciences et les arts qui fassent des progrès. La vie des nations est toujours la même et peut être comparée à une roue immense qui tourne sans cesse, avec plus ou moins de rapidité. C'est aux peuples, et surtout aux gouvernements, à savoir discerner les fautes de leurs prédécesseurs, afin de les éviter; à savoir appliquer à propos toutes les modifications que les temps et les circonstances exigent, afin d'être sages et grands.

Comme je crois qu'en ce monde rien n'est nouveau et que nous revenons sans cesse sur les mêmes traces et les mêmes empreintes, j'appuie ma proposition sur la colonisation anglaise en Amérique, dont la base primitive était le travail en communauté.

Deux mille cinq cents ménages normands seront établis en Algérie sur une concession de cent mille hectares, dont cinquante mille seulement seront mis en culture, le reste étant destiné à la petite et à la grande propriété.

Cette concession sera divisée en cinq parties égales, et vingt mille hectares seront affectés à chaque département normand.

L'État avancera à la colonie une somme de dix millions dont il lui sera fait 5 pour 100 par an, et après trois années les colons rembourseront les dix millions avancés.

Le personnel de l'exploitation se composera d'un directeur général, de cinq sous-directeurs, d'un médecin et d'un vétérinaire.

Quand lord Delaware arriva en Amérique, il trouva les Anglais dans le plus profond découragement, et, comme je l'ai dit plus haut, malgré l'ordre qu'il mit dans les travaux, la colonisation ne prit un essor profitable que lorsque sir Thomas Dale eut distribué à chacun sa part de territoire défriché. La colonie alors déploya une grande activité, et les Anglais, maîtres de belles propriétés, travaillèrent promptement à augmenter leur fortune, en ajoutant à leur industrie naturelle toutes les ressources qu'une liberté illimitée pouvait leur apporter.

L'association pour le travail ne durera donc que le temps strictement nécessaire pour l'établissement de la colonie, et les travailleurs seront traités d'une façon toute paternelle et libérale, afin que chacun chérisse la contrée qu'il aura arrosée de ses sueurs.

La fin de la troisième année sera le terme de l'association, et la récompense de chaque chef de famille, le titre de propriétaire d'un établissement agricole.

Chaque colon signera à la préfecture un acte par lequel il s'engagera, lui et sa femme, à travailler pendant trois ans en Algérie, en qualité d'ouvriers agricoles, pour le compte de l'État.

L'État, de son côté, s'engagera à loger et à nourrir convenablement, pendant trois ans, ces ménages, qui, à l'expiration de leur traité, recevront : une maison, vingt hectares de terre, deux chevaux, deux vaches, deux bœufs, quarante têtes de menu bétail, des instruments aratoires nécessaires pour leur exploitation, les semences utiles pour la culture, et 3,000 fr. en argent, ce qui fera une valeur de 15,500 fr. donnée à chaque ménage.

A l'expiration de son engagement, chaque ménage sera libre de quitter l'Algérie; mais il abandonnera ses droits sur l'établissement agricole. 3,000 fr. cependant lui seront comptés en rémunération de ses travaux.

Un prêtre sera désigné pour être le conducteur spirituel de chaque colonie, et l'organisation municipale sera établie comme en France pour les cinq divisions.

Des chefs-lieux de département les détachements partiront avec leurs directeurs, qui, de ce moment, ne les quitteront plus. Les préfets auront organisé les colons par ateliers de dix ménages, les hommes, autant que possible, étant classés dans ces ateliers par états.

Ces diverses sections auront à leur disposition chacune un charriot attelé de deux juments percheronnes.

Je fais le choix de juments percheronnes, afin de créer en Algérie une race nouvelle propre à l'agriculture, au commerce et à l'armée (1).

Par le premier croisement avec le cheval barbe, on obtiendra le cheval de trait, puis le cheval d'armes, et enfin une race se rapprochant beaucoup du type créateur; mais ayant je pense plus de taille et plus de membres.

Il aura été construit à l'avance de vastes hangars élevés sur des piliers en briques, de façon que les colons se trouvent logés au-dessus du sol. Des cloisons en planches sépareront chaque famille. Ces hangars seront construits à proximité de cours d'eau et près des lieux où devront s'élever les villages.

Tous les villages devant être régis d'après le même

---

(1) Il a été obtenu en Normandie, par le croisement direct du cheval barbe et de juments percheronnes, des résultats remarquables qui, certes, sous le climat de l'Afrique française, devront encore être plus beaux, les pays chauds étant extrêmement favorables à l'amélioration et à l'accroissement de la race chevaline.

réglement, il suffira de suivre les travaux d'un des cinq pour se rendre compte de l'administration générale (1).

Aussitôt l'installation terminée, hommes et femmes devront se mettre à la fois au travail. Un atelier, composé en partie de femmes, débarrassera le terrain des menus bois qui le couvrent. Ces menus bois pourront être utilisés aux fours à chaux et à briques. Un autre atelier, composé de cent cinquante charrues, défrichera activement les terrains débarrassés de broussailles.

En une semaine, une charrue aura défriché environ deux hectares ; en dix semaines, cent cinquante charrues en auront défriché trois mille, qui seront immédiatement ensemencés.

Des jardins seront établis et tous les légumes y seront cultivés. Comme ces jardins deviendront d'une grande importance pour la colonie, des hommes et des femmes seront spécialement affectés à leur entretien.

Les colons qui ne seront pas occupés à l'agriculture, organiseront des ateliers de charronnage et de maréchalerie; trois parcs pour recevoir les bestiaux seront installés.

Le Gouvernement aura fait acheter en Algérie, pour le compte de la colonie, cinq cents bœufs, qu'elle recevra aussitôt les parcs construits. Les cent juments et les cinq cents bœufs pourront faire facilement le service des charrues, en les attelant par deux, et même par quatre, quand la nature du terrain l'exigera.

Deux cents charrues seront fournies tout de suite ; mais

---

(1) Voir à la fin les détails de dépenses et de recettes pour l'établissement d'un village composé de cinq cents ménages.

afin que rien n'arrête la culture, cinquante resteront en magasin, afin de remplacer celles qui, par accident, seraient mises momentanément hors de service.

Quatre cents vaches, tirées de France autant qu'il sera possible, seront amenées à la colonie aussitôt qu'on sera en mesure de les recevoir.

Enfin, cinq mille moutons devront compléter, pour la première année, le nombre d'animaux domestiques qui feront partie du matériel agricole de la ferme. Ces moutons seront achetés en Algérie, à l'exception des béliers, qui viendront de France.

Les laboureurs et autres hommes occupés spécialement à l'agriculture auront sous leur surveillance les chevaux et les bœufs. Les vaches seront confiées aux soins des femmes, et les moutons auront pour bergers des hommes choisis parmi les moins valides.

En partant de France, on a divisé chaque village en cinquante ateliers composés de dix ménages. Chaque atelier devant vivre en famille, il sera présidé par un chef. Deux femmes seront spécialement occupées de la cuisine et de la fabrication du pain.

Enfin, deux bouchers par village seront désignés pour l'abattage des animaux destinés à la nourriture.

Avant de se livrer complètement à l'édification des maisons, des travaux préparatoires auront été exécutés, tels que fours à chaux et à briques, charpentes et autres travaux.

Ces diverses opérations auront été faites par ceux des ouvriers qui n'auront pas été employés à l'agriculture.

L'habitation du colon se composera : d'un rez-de-chaussée, d'un étage et d'un grenier avec lucarnes. Elle sera construite de façon que le rez-de-chaussée serve de magasin et de cave. Un escalier en bois établi dans une des pointes servira à accéder au premier étage, qui se composera de trois pièces : une cuisine, une salle et une chambre. Dans un cabinet attenant à la cuisine, et qui servira de lavoir, on pourra établir l'escalier du grenier.

Quand on sera débarrassé des travaux agricoles, les forces vives de la colonie seront portées vers la bâtisse, jusqu'au moment de la moisson, vers laquelle tous les bras sans exception seront dirigés, afin de faire la récolte le plus promptement possible. Avec un travail soutenu et bien organisé, cent soixante maisons auront été cons-truites la première année, et j'ai lieu d'espérer qu'à la fin de la seconde année les cinq cents maisons seront bien avancées.

Un moulin à blé, pouvant être mis à plusieurs paires de meules, sera construit par des ouvriers pris en dehors des colons. Ce moulin fournira à la ferme les farines nécessaires à la consommation, et même il pourra aussi travailler pour le commerce.

Des fourrages seront récoltés dans les vallées, en sorte que les animaux, qui auront coûté beaucoup d'argent pen-dant les premiers mois, auront, par la suite, une nourri-ture abondante et saine prise sur les terrains de la colonie, ce qui permettra alors d'augmenter pour la deuxième année leur nombre d'une manière assez considérable, tant par les élèves que par les achats.

Les années suivantes, il y aura une grande amélioration dans le bien-être et dans la culture. Les ouvriers, bien acclimatés et mieux outillés, feront plus d'ouvrage ; la terre, mieux cultivée, donnera des récoltes plus abondantes, et enfin l'organisation générale marchera à grands pas vers une solution naturellement désirée de tous.

Je pourrais conduire les colons, en quelque sorte, jour par jour, jusqu'à l'expiration de leur engagement, mais on comprendra aisément que la deuxième et la troisième année ressembleront beaucoup à la première. J'indique seulement plus loin, par des chiffres, l'augmentation du matériel, les recettes et les dépenses.

Afin de former de suite tous les éléments qui constituent la société humaine, il faut que le grand et le petit propriétaire viennent se grouper à la fois autour des premiers établissements; c'est la condition essentielle de vie pour tous.

Cinq fermes de deux mille hectares seront concédées gratuitement aux cinq départements normands qui, d'après le plan ci-dessus développé, devront installer deux cents ménages auxquels, après deux années, ils donneront une maison, cinq hectares de terres, une vache et une somme de 700 fr. (1)

Mille hectares resteront à chaque département, qui les fera valoir et administrer à ses frais.

Des étalons de toute espèce y seront entretenus pour la régénération des races. Des outils et des machines agricoles seront toujours à la disposition des colons, moyennant une légère rétribution.

Maintenant c'est aux capitalistes que je m'adresse; à ces hommes auxquels, jusqu'à ce jour, la fortune a souri, auxquels je répète qu'en Afrique aussi bien qu'à la Bourse,

---

(1) Voir plus loin les détails des dépenses et des recettes, pour l'établissement d'une ferme départementale.

ils feront fortune, plus lentement il est vrai, mais avec beaucoup plus de certitude et avec bien plus d'honneur.

Que la noblesse, que la bourgeoisie, qui la suit pas à pas, y réfléchissent aussi. Du train où vont les choses, leurs petits enfants seront dans la misère si l'industrie et le travail ne viennent à leur secours ; que chacun dans sa sphère comprenne donc que le travail est la loi de Dieu, loi immuable que la faim, terrible nécessité, rappelle aux uns, tandis que le partage égal des fortunes la fait déjà sentir aux autres.

Que le Gouvernement y songe de son côté. Après tant de révolutions qui toutes ont frappé la France au front, la nation a besoin d'oublier, et ce n'est que dans le travail, l'aisance et la prospérité que le mot révolution s'effacera de sa mémoire.

Après l'établissement des fermes départementales, huit mille hectares, sur lesquels seront prises les routes, places publiques, etc., resteront pour former des fermes et domaines.

Ces huit mille hectares seront destinés à ces propriétaires oisifs que le luxe ruine, à ces fils de famille qui dissipent leur légitime avant d'en être possesseurs ; à ces capitalistes, à ces riches industriels que la fortune a toujours favorisés, mais qui, ne sachant pas quel emploi faire de leurs capitaux, les aventurent souvent dans des entreprises périlleuses et scandaleuses à la fois ; enfin, à tous ces hommes intelligents auxquels l'initiative seule manque, et qu'un éclair conduit soudain à la fortune.

Des domaines seront concédés à tout propriétaire ou capitaliste qui s'obligera à établir sur sa concession dix ménages par cent hectares. Ces ménages seront à sa charge et travailleront gratuitement pour lui pendant deux années, à l'expiration desquelles ils recevront une maison, cinq hectares de terres défrichées, une vache et 700 fr. (1).

On pourrait, en terminant, faire l'apologie de l'agriculture, en démontrant que c'est une des occupations les plus nobles pour l'homme ; que c'est d'elle que découlent tous les trésors qui tombent du ciel sur le genre humain, et d'elle aussi que dépend la prospérité des États; mais tout le monde sait par cœur ces belles phrases répétées sur tous les tons, depuis dix ans surtout.

Dépenses et recettes pour l'établissement d'un village composé de 500 ménages.

Capital avancé par l'État, 2,000,000 de francs.

PREMIÈRE ANNÉE. — DÉPENSES.

Voyage et installation d'un hangar.	50,000
Semence pour 3,000 hectares, à 60 fr. l'hect.	180,000
Outillage, achat de fer, de bois, et organisation.	250,000
Nourriture de 500 ménages pendant un an, à 2 francs par jour.	365,000
200 Charrues, à 200 fr. l'une.	40,000
50 Charriots payés à l'État 400 fr. chaque. . .	20,000
Attelages, cordages, chaînes	10,000
Construction d'un moulin à farine.	55,000
Administration et menus frais.	50,000
A reporter.	1,020,000

(1) Se reporter aux détails pour l'établissement de la ferme départementale.

Report.	1,020,000
Nourriture et installation des animaux.	100,000
Intérêt de 2,000,000 à cinq pour cent.	100,000

Animaux domestiques.

100 Juments percheronnes, à 600 fr. l'une.	60,000
400 Vaches, à 300 fr. l'une.	120,000
500 Bœufs, à 200 fr. chaque.	100,000
5,000 Moutons, à 20 fr. chaque.	100,000
Total des dépenses de la première année.	1,600,000
Avoir.	2,000,000
Il reste en caisse. . . .	400,000

PREMIÈRE ANNÉE. — RECETTES.

Recette de 3,000 hectares, à 300 fr. chaque. .	900,000
Recette sur les vaches, les bœufs et les moutons, à 10 fr. par tête.	56,000
Excédant de l'année précédente.	400,000
Total. . . .	1,356,000

DEUXIÈME ANNÉE. — DÉPENSES.

Au bout de quelques mois, on aura à discrétion des légumes de toute espèce ; la vie, alors, pourra être à bien meilleur marché ; ainsi, on peut la porter, pour cette année et la suivante, à 1 franc par ménage au lieu de 2 fr.

Nourriture de 500 ménages pendant un an, à 1 fr. par jour.	182,500
Semence pour 5,000 hectares, à 60 fr. l'hect.	300,000
200 Charrues, à 200 fr. l'une.	40,000
Attelages, cordages, etc.	20,000
Achat de fer, de bois, d'outils, et entretien. .	137,500
Frais d'administration.	50,000
Intérêt de 2,000,000 à cinq pour cent. . . .	100,000

Animaux domestiques.

400 Juments, à 600 fr. l'une.	240,000
A *reporter.*	1,070,000

Report.	1,070,000
100 Vaches, à 300 fr. l'une.	30,000
5,000 Moutons, à 20 fr. chaque.	100,000
200 Bœufs, à 200 fr. chaque.	40,000
Total de la dépense de la deuxième année.	1,240,000
Avoir. . . .	1,356,000
Il reste en caisse.	116,000

DEUXIÈME ANNÉE. — RECETTES.

Les 3,000 hectares cultivés la première année seront également mis en culture la seconde, et leur semence sera prise sur la récolte précédente.

5,000 Hectares ayant été défrichés, on aura le produit de 8,000 hectares, à 300 fr. l'un.	2,400,000
Recette sur les vaches, les bœufs et les moutons, à 10 fr. par tête.	109,000
Excédant de recette de l'année précédente . .	116,000
Total des recettes de la deuxième année.	2,625,000

TROISIÈME ANNÉE. — DÉPENSES.

Nourriture de 500 ménages pendant un an, à 1 fr. par ménage.	182,500
100 Charrues, à 200 fr. l'une.	20,000
500 Charriots, à 400 fr. chaque.	200,000
Achat de fer, de bois, d'outils, et entretien. .	80,000
Attelages.	40,000
Administration et autres menus frais.	50,000
Intérêt de 2,000,000 à cinq pour cent. . . .	100,000

Animaux domestiques.

200 Juments, à 600 fr. l'une.	120,000
200 Vaches, à 300 fr. l'une.	60,000
400 Bœufs, à 200 fr. chaque.	80,000
5,000 Moutons, à 20 fr. chaque.	100,000
Total des dépenses de la deuxième année.	1,032,500
Avoir.	2,625,000
Il reste en caisse. . . .	1,592,500

TROISIÈME ANNÉE. — RECETTES.

8,000 Hectares, à 300 fr. chaque. 2,400,000
Recette sur les vaches, les bœufs et les mou-
   tons, à 10 fr. par tête 165,000
Excédant de recette. 1,592,500

   Total des recettes pour la troisième année. 4,157,500

QUATRIÈME ANNÉE. — DÉPENSES.

Remise à l'État de 2,000,000. 2,000,000
Donné à chaque ménage, en rémunération de
   ses travaux, 3,000 fr. 1,500,000

Total. . . .3,500,000
Avoir. . . .4,157,000

Il reste en caisse. . . . 657,000

Récapitulation des animaux domestiques achetés pendant
l'association.

Juments. . . . 700
Vaches. . . . 700
Bœufs. 1,100
Moutons. . . 15,000

Total . . . 17,500

Pendant la durée de la communauté, il aura été fait autant d'élèves que possible, tant pour remplacer les pertes que pour être en mesure de donner à chaque ménage ce qui lui a été promis. A la répartition générale, la catégorie la plus forte sera vendue au profit de la plus faible.

La somme de 657,000 fr. qui reste sera employée en construction d'église et de maison commune.

FERME DÉPARTEMENTALE.

Capital avancé par le département, 800,000 fr.

Dépenses et recettes pour l'installation de 200 ménages. sur une concession de 2,000 hectares; 1,000 hectares resteront la propriété du département,

PREMIÈRE ANNÉE. — DÉPENSES.

Voyage et installation d'un hangar.	30,000
Semence pour 1,200 hect., à 300 fr. par hect.	72,000
Outillage, achat de fer, de bois, et organisation.	100,000
Nourriture de 200 ménages pendant un an ; à 2 fr. par jour par ménage.	146,000
100 Charrues, à 200 fr. l'une.	20,000
20 Charriots, à 400 fr. chaque.	8,000
Attelages, cordages, etc.	4,000
Frais d'administration.	20,000
Nourriture et installation des animaux.	40,000
Intérêt de 800,000 fr., à cinq pour cent. . . .	40,000

Animaux domestiques.

40 Chevaux, à 600 fr. chaque.	24,000
200 Vaches, à 300 fr. l'une.	60,000
100 Bœufs, à 200 fr. chaque	20,000
2,000 Moutons, à 20 fr. chaque.	40,000
Total des dépenses.	624,000
Avoir	800,000
Il reste en caisse.	176,000

PREMIÈRE ANNÉE. — RECETTES.

1,200 hectares à 300 fr. l'hectare.	360,000
Recette sur les vaches, les bœufs et les moutons, à 10 fr. par tête.	23,000
Excédant de l'année précédente.	176,000
Total des recettes pour la première année.	559,000

DEUXIÈME ANNÉE. — DÉPENSES.

Nourriture de 200 ménages, pendant un an, à 1 fr. par jour.	73,000
Semence pour 800 hectares, à 60 fr. par hect.	48,000
Outils, réparations, achat de bois et de fer. . .	50.000
Frais d'administration.	20,000

Animaux.

30 Vaches, à 300 fr. l'une.	9,000
2,000 Moutons, à 20 fr. l'un	40,000
40 Bœufs, à 200 fr. l'un.	8,000
Total de la dépense. . .	248,000
Avoir.	559,000
Excédant de recette. .	311,000

DEUXIÈME ANNÉE. — RECETTES.

2,000 Hectares, à 300 fr. l'hectare.	600,000
Recette sur les vaches, les bœufs et les moutons, à 10 fr. par tête.	43,700
Excédant de recette. . . .	311,000
Total des recettes. . .	954,700

TROISIÈME ANNÉE. — DÉPENSES.

Remise au département de.	800,000
Donné à chaque ménage 700 fr.	140,000
Total.	940,000

Il reste 14,700 fr., un hangar, 1,000 hectares en culture, et plus de 4,000 têtes de bétail.

Rouen. — Imp H. RENAUX, rue de l'Hôpital, 25.

www.ingramcontent.com/pod-product-compliance
Lightning Source LLC
Chambersburg PA
CBHW060740280326
41934CB00010B/2292